Jean-Paul Bouland

Patchwork sur le Bonheur

Jean-Paul Bouland

Patchwork sur le Bonheur

Propos décousus à coudre soi-même

Éditions Croix du Salut

Impressum / Mentions légales

Bibliografische Information der Deutschen Nationalbibliothek: Die Deutsche Nationalbibliothek verzeichnet diese Publikation in der Deutschen Nationalbibliografie; detaillierte bibliografische Daten sind im Internet über http://dnb.d-nb.de abrufbar.
Alle in diesem Buch genannten Marken und Produktnamen unterliegen warenzeichen-, marken- oder patentrechtlichem Schutz bzw. sind Warenzeichen oder eingetragene Warenzeichen der jeweiligen Inhaber. Die Wiedergabe von Marken, Produktnamen, Gebrauchsnamen, Handelsnamen, Warenbezeichnungen u.s.w. in diesem Werk berechtigt auch ohne besondere Kennzeichnung nicht zu der Annahme, dass solche Namen im Sinne der Warenzeichen- und Markenschutzgesetzgebung als frei zu betrachten wären und daher von jedermann benutzt werden dürften.

Information bibliographique publiée par la Deutsche Nationalbibliothek: La Deutsche Nationalbibliothek inscrit cette publication à la Deutsche Nationalbibliografie; des données bibliographiques détaillées sont disponibles sur internet à l'adresse http://dnb.d-nb.de.
Toutes marques et noms de produits mentionnés dans ce livre demeurent sous la protection des marques, des marques déposées et des brevets, et sont des marques ou des marques déposées de leurs détenteurs respectifs. L'utilisation des marques, noms de produits, noms communs, noms commerciaux, descriptions de produits, etc, même sans qu'ils soient mentionnés de façon particulière dans ce livre ne signifie en aucune façon que ces noms peuvent être utilisés sans restriction à l'égard de la législation pour la protection des marques et des marques déposées et pourraient donc être utilisés par quiconque.

Coverbild / Photo de couverture: www.ingimage.com

Verlag / Editeur:
Éditions Croix du Salut
ist ein Imprint der / est une marque déposée de
OmniScriptum GmbH & Co. KG
Heinrich-Böcking-Str. 6-8, 66121 Saarbrücken, Deutschland / Allemagne
Email: info@editions-croix.com

Herstellung: siehe letzte Seite /
Impression: voir la dernière page
ISBN: 978-3-8416-9898-8

Jean-Paul BOULAND

PATCHWORK
sur le
BONHEUR

*Propos décousus
à coudre soi-même*

www.jpbouland.com

LA VIE, L'AMOUR, LA MORT

Dans quelques temps, je n'existerai plus. Je serai mort. Je ne contemplerai plus le lever de soleil au printemps sur la campagne, et son coucher en hiver sur la rade du HAVRE. Je ne tiendrai plus dans mes bras celle que j'aime. Je n'écouterai plus "*La nuit transfigurée*" d'Arnold SCHOENBERG. Je n'entendrai plus le rire de ma filleule. Je ne dégusterai plus de fruits de mer. Je ne converserai plus avec ces amis très chers. Je ne parcourrai plus les sentiers des falaises du Pays de Caux. Ma main sera figée, je n'écrirai plus rien... Peut-être ma personne sera-t-elle transformée, transcendée, transfigurée, métamorphosée; mais ces moments privilégiés, extraordinaires, formidables, ces "instants parfaits", ces "instants d'éternité", je ne les vivrai plus. Car ils sont essentiellement fugaces, passagers, furtifs, uniques, provisoires. Et je ne m'en souviendrai même pas, puisque ma mémoire aura totalement disparu. "Je" ne sera plus.

Suis-je triste parce que je pense à ma mort ? Non. Car j'y pense chaque jour depuis mon enfance. J'ai toujours pensé que, puisque j'étais né un jour, je mourrais un autre jour.

Et j'ai pris la décision de tout faire, de tout vivre, comme si c'était la dernière fois... c'est-à-dire comme si c'était aussi la première fois; avec étonnement, émerveillement, intensité : "*Ut prima. Ut ultima. Ut sola*" (*Comme si cette heure était la première. Comme si elle était la dernière. Comme si elle était la seule*). Cela donne un nouveau sens et une saveur nouvelle à la vie. Bien vivre aujourd'hui. Vivre pleinement le moment présent. Vivre pleinement ces instants parfaits, ces instants d'éternité... comme si c'était la première fois... comme si c'était la dernière fois ! C'est cela le BONHEUR. Et il est urgent d'être HEUREUX. Aujourd'hui !

La Vie, l'Amour et la Mort sont des réalités qui se tricotent ensemble. Des parties d'un tout inséparables l'une de l'autre, comme les trois côtés d'un triangle. Tu vis et je t'aime, mais tu mourras. Je vis et tu m'aimes, mais je mourrai !

Le Bouddhisme et le Taoïsme, deux Sagesses, apparues au 5°/4° siècle avant Jésus-Christ, nous enseignent que le YIN (principe femelle–négatif) et le YANG (principe mâle-positif) coexistent dans le monde et en chacun de nous.

Le monde discerne la beauté, et, par là le laid se révèle.
Le monde reconnaît le bien et, par là le mal se révèle.

Car l'être et le non-être s'engendrent sans fin.
Le difficile et le facile s'accomplissent l'un par l'autre.
Le long et le court se complètent.
Le haut et le bas reposent l'un sur l'autre.
Le son et le silence créent l'harmonie.
L'avant et l'après se suivent.
Le tout et le rien ont même visage.
C'est pourquoi le Sage s'abstient de toute action.
Impassible, il enseigne par son silence.
Les hommes, autour de lui, agissent. Il ne leur refuse pas son aide.
Il crée sans s'approprier et oeuvre sans rien attendre.
Il ne s'attache pas à ses oeuvres.
Et, par là, il les rend éternelles.
(LAO TSEU – 4° siècle av. J.C – Tao To King)

Il faut tricoter ensemble le bien avec le mal ; le péché avec la grâce; la partie opaque de ma personnalité avec la partie transparente ; le noir avec le blanc ; le réel avec l'imaginaire ; le masculin avec le féminin ; hier avec aujourd'hui ; et la mort avec la vie. Pourquoi ? Parce que je sais d'expérience qu'il y a du noir dans le blanc, et du blanc dans le noir; du mal dans le bien, et du bien dans le mal; qu'aujourd'hui vient d'hier et prépare demain; que la mort est dans la vie, et la vie dans la mort. Et l'Espérance consiste peut-être, certainement même, à chercher la vie réelle derrière la mort apparente.

"Et Dieu dans tout cela ?". Mais Il est là ! Car Il est à la fois ce que j'en dis, et le contraire. Il est à la fois répandu dans le monde, et concentré en moi. A la fois présent et absent. A la fois transcendant et immanent. A la fois au commencement et à l'achèvement. A la fois universellement connu et absolument inconnaissable : *"Dieu, personne ne l'a jamais vu; c'est le Fils unique, qui est dans le sein du Père, qui l'a fait connaître"*. (Evangile selon Jean 1,18*) – "Dieu, personne ne l'a jamais vu. Si nous sommes chers les uns pour les autres, Dieu demeure en nous, en nous sa charité est accomplie"*. (1 Lettre de Jean 4,18). Cette forme de théologie qui ne saurait rien dire de positif ni de définitif sur Dieu, DENYS l'Aréopagite ("Les Noms divins" - 5°-6° s.) la nommait "Théologie apophatique…". Cette théologie est la seule possible.

"Et la Foi chrétienne là-dedans ?". J'aime ce passage de l'évangile de Matthieu, que ma mère me répétait souvent (" *Les petits oiseaux du ciel, Jean-Paul, les petits oiseaux…!")* : *"Ne vous inquiétez pas pour votre vie de ce que vous mangerez, ni pour votre corps de quoi vous le vêtirez. La vie n'est-elle pas plus que la nourriture, et le corps plus que le vêtement? Regardez les oiseaux du ciel: ils ne sèment ni ne moissonnent ni ne recueillent en des greniers, et votre Père céleste les nourrit! Ne valez-vous*

pas plus qu'eux? Ne vous inquiétez donc pas en disant: Qu'allons-nous manger ? Qu'allons-nous boire ? De quoi allons-nous nous vêtir ? Ce sont là toutes choses dont les païens sont en quête. Votre Père céleste sait que vous en avez besoin. Cherchez d'abord son Royaume et la justice, et tout cela vous sera donné par surcroît. Ne vous inquiétez pas du lendemain; car le lendemain aura soin de lui-même. A chaque jour suffit sa peine". (Evangile selon Matthieu 6,27-34).

Sois heureux ! Aujourd'hui ! Le Bonheur est urgent ! Cours-y vite... comme disait Paul FORT :

> *Le bonheur est dans le pré. Cours-y vite, cours-y vite.*
> *Le bonheur est dans le pré. Cours-y vite. Il va filer.*
>
> *Si tu veux le rattraper, cours-y vite, cours-y vite.*
> *Si tu veux le rattraper, cours-y vite. Il va filer.*
>
> *Dans l'ache et le serpolet, cours-y vite, cours-y vite.*
> *Dans l'ache et le serpolet, cours-y vite. Il va filer.*
>
> *Sur les cornes du bélier, cours-y vite, cours-y vite.*
> *Sur les cornes du bélier, cours-y vite. Il va filer.*
>
> *Sur le flot du sourcelet, cours-y vite, cours-y vite.*
> *Sur le flot du sourcelet, cours-y vite. Il va filer.*
>
> *De pommier en cerisier, cours-y vite, cours-y vite.*
> *De pommier en cerisier, cours-y vite. Il va filer.*
>
> *Saute par-dessus la haie, cours-y vite, cours-y vite.*
> *Saute par-dessus la haie, cours-y vite. Il a filé !*

(Paul Fort)

DES INSTANTS D'ETERNITE

Un instant, ça n'est rien.
C'est instantané.
A peine est-il apparu qu'il disparaît.
Présent provisoire devenu passé définitif.
Notre vie est tissée d'une somme d'instants, furtifs, passagers, fugaces.

Un instant, c' est minuscule.

L'Eternité, pour moi, ça n'est pas la durée élevée à la puissance infinie.
L'Eternité n'a rien de commun avec le temps.

L'Eternité, c'est l'intensité de l'Etre.
Et l'intensité n'a pas besoin de la durée pour être elle-même.

L'Eternité, c'est l'absolu.
Dire de Dieu qu'il est l'Eternel,
cela ne signifie pas qu'il n'a ni commencement ni fin,
comme on me le disait jadis, au catéchisme.
Cela signifie qu'il est Tout, et qu'en dehors de lui,
il n'y a que du quelque chose… ou du quelqu'un.

L'Eternité est Majuscule.

Mais certains instants, en soi minuscules,
sont vécus avec une telle intensité
qu'ils deviennent majuscules.
Ils acquièrent valeur d'Eternité.
Un moment parfait, disait SARTRE,
Est une œuvre d'art !

J'en ai vécu.
D'autres que moi en ont vécu.
Tous, nous en avons vécu.

Ce sont ces quelques instants d'Eternité que je désire maintenant évoquer.

Samedi 20 avril 1957 - DJEBEL FILAOUSSENE

Le 5° Régiment de Tirailleurs Sénégalais, dont je fais partie, est en opération dans le Djebel Filaoussene, du côté de la frontière algéro-marocaine, à quelques kilomètres de NEDROMAH. Aspirant de réserve (promotion "Duc d'Aumale", SAINT MAIXENT, octobre 1956), je marche en tête de ma section. A ma droite et à ma gauche, les deux voltigeurs de pointe, deux gars originaires du Nord de la France, deux jeunes ch'tis. Derrière moi, les sergents Simon K..., un Voltaïque (le BURKINA n'existe pas encore), catholique; et Sekou T..., un Wolof, musulman; deux copains, deux gars formidables, et le reste de la section.

Jusqu'alors, chaque fois que je suis sorti en opération avec le régiment, il ne s'est rien passé. Par contre, les deux ou trois fois où je suis resté au poste, à Ain Kebira, en appui avec mes deux canons de 155, le régiment s'est fait "accrocher".

Nous marchons dans le lit d'un oued asséché. Demain, c'est Pâques. Je ne sais pas pourquoi je donne cette précision, car, pour moi comme pour les autres, cela ne changera rien. Au poste, il n'y a ni semaine, ni dimanche, tous les jours se suivent et se ressemblent : gardes, opérations, accrochages, représailles, interrogatoires plus ou moins "musclés", nuit, jour, jour, nuit...

Nous avançons. Il fait beau. Il fait très chaud. Le treillis colle à la peau. Quelle heure est-il ? Je ne sais pas. Face à nous, à environ 800 mètres, le Djebel domine la plaine. Nous sommes en zone d'insécurité, mais il ne se passe rien. Pour un peu, on dirait que la vie est belle !...

...lorsque, tout à coup, ça canarde de partout. Mes deux voltigeurs de pointe tombent. Je me retourne pour donner les ordres à ma section. Je ne vois personne : tous les gars sont collés au sol, à l'abri de ce qu'ils ont pu trouver, une touffe d'herbe, un arbuste, un rocher... Il est vrai que ces braves Africains ne comprennent rien à ce qu'ils viennent défendre en Algérie. Moi-même je n'y comprends pas grand'chose ! Je fais signe à l'infirmier de venir voir les blessés : *"Ce n'est pas grave"*, me dit-il. Il donne les premiers soins. Et repart en rampant. Et ça canarde toujours, de partout, eux d'en-haut, nous d'en-bas. Mais les tirs viennent de trop loin pour être précis et faire mouche. Le capitaine E..., qui assure le commandement des sections en opération donne l'ordre de cesser le feu, afin que nous puissions repérer d'où viennent les tirs rebelles. On ne voit rien. Et on n'entend plus rien. Car, en face, eux aussi ont cessé le feu.

Et on attend… on attend…. Jusqu'au moment où nous nous rendons compte que les rebelles ont décroché. Alors, tout le monde se relève. Le capitaine vient vers moi, et me dit : *"Bouland, chapeau, vous êtes resté debout au milieu de vos hommes !"*.

Combien de temps a duré cette attente ? Une demi-heure ? Une demi-journée ? Je ne me souviens plus. Je sais simplement que pour moi, ce fut un moment d'une intensité telle que je le nomme un instant d'Eternité.

Mercredi 29 juin 1960 - CATHEDRALE de ROUEN

C'est le Jour J.

Aujourd'hui, je vais être ordonné prêtre. Avec les copains, je me suis préparé par une retraite de quelques jours au Monastère de SAINT WANDRILLE. Toute la famille va être là, pour la messe à la Cathédrale. Le repas est prévu. Pas pour le midi. Car celui-ci aura encore lieu pour tous au Séminaire. Mais pour le soir. On a choisi des images qui immortaliseront l'événement. J'ai reçu en cadeau ce que j'ai demandé. Pensez donc : un prêtre dans la famille! un prêtre dans la paroisse !

Vers 9 heures, nous nous mettons en route pour la Cathédrale. Lorsque nous arrivons, elle est déjà à moitié pleine. Nous nous rendons à la Sacristie. L'Archevêque arrive. Il se prépare. Nous aussi. Avec tous les prêtres qui sont venus. Les curés et les vicaires de nos paroisses. Les autres. Et à 10 heures, la cérémonie commence. Grand orgue. Maîtrise. Chants solennels.

A 12 heures 30, la messe est finie. Tiens, elle a duré deux heures et demie ! Que s'est-il donc passé durant tout ce temps ?

Auparavant, j'avais assisté à des ordinations de prêtres. J'assisterai encore à de multiples autres ordinations. Je puis dire comment une ordination se déroule. Théoriquement. Rituellement. Liturgiquement. Mais la mienne, je n'en ai aucun souvenir. Qu'elle ait duré une demi-heure ou deux heures et demie importe peu. Je n'ai absolument pas vu le temps passer. J'étais ailleurs. Hors de moi. Je me regardais être ordonné. C'était intense.

Un instant d'éternité !

Avril 1982 – VARSOVIE – KRAKOWSKIE PRZEDMIESCIE

Nous sommes venus en POLOGNE préparer un voyage de Français en Pologne, et un voyage de Polonais en France.

Depuis le 3 décembre 1981, après les grèves et la montée du "syndicat" SOLIDARNOSC, le général Jaruzelski a pris le pouvoir, et mis en prison les meneurs de ce syndicat.

Il est vingt et une heures. Nous déambulons sur la "Krakowskie przedmiescie", l'avenue principale de Varsovie, lorsque nous entendons au loin comme des chants religieux. Nous marchons dans le direction d'où ils proviennent. Et nous arrivons devant l'église sainte Anne, qui est l'église des étudiants.

Dans le petit cloître qui jouxte l'église, une grande croix de fleurs a été déposée à terre, éclairée par des centaines de lumignons. Des membres des familles des détenus sont venus déposer des messages à destination des leurs, et donner des informations sur ceux qu'ils connaissent.

Une foule est là. Beaucoup, beaucoup de jeunes, mais aussi beaucoup d'autres. Tous sont calmes, paisibles, résolus. Nous les rejoignons. Ils chantent des cantiques religieux, et des chants patriotiques.

C'est beau, émouvant, poignant. Et cela dure... Combien de temps ? Je ne sais.

Pour moi, un instant d'éternité.

Samedi 2 novembre 1985 – Mon père est dans le coma

J'habite SAINT AUBIN ROUTOT. A 70 kilomètres de ROUEN.

Il est 22 heures. Je rentre tout juste d'une réunion, lorsque retentit la sonnerie du téléphone. C'est ma mère, affolée : "*Papa vient de tomber dans le coma. Pourtant, on avait passé une bonne soirée. Il a même regardé "les Chiffres et les Lettres" à la Télé. Et puis, tout d'un coup, il s'est affaissé. Le docteur est venu. Il dit qu'il faut l'hospitaliser. Il n'y a plus rien à faire. C'est une embolie cérébrale*" – "*Je viens !*". Je raccroche.

J'arrive à la maison. Mon frère est là. Les ambulanciers sont en train de monter mon père dans l'ambulance. Nous nous rendons directement aux urgences du C.H.U de ROUEN. On trouve un lit libre. Un toubib vient. "*Il n'y a rien à faire, qu'à attendre la fin*", nous dit-il.

Nous sommes tous les trois autour de mon père inanimé, qui semble se débattre. Contre quoi ? Simples réflexes.

Une heure passe. Des brancardiers arrivent. On a libéré un lit dans le service de Neurologie. Nous y allons. Puis, sur le coup d'une heure du matin, nous partons.

Je reconduis ma mère chez elle. Je lui propose de rester un peu. Elle me dit qu'elle préfère être seule.

Je repars donc. Ce dimanche, je dois célébrer deux messes. Je reviendrai dans l'après-midi.

J'ouvre la radio, sur France-Musiques.

Et l'entends l'Hymne à la Joie !

Instant d'Eternité.

LA VIE EST BELLE

Un jour de 1985, je reçois mon ami Michel pour le repas de midi. A peine arrivé, le voilà qui se répand en diatribes diverses. Sur le Pape, qui n'a pas le courage de... Sur l'Eglise, qui devrait... Sur l'évêque... Sur le Gouvernement... Cela ne m'étonne pas de lui. Il était comme ça, mon ami Michel, gentil et affable, mais amer, insatisfait, jamais content. Je le laisse dire. Puis je lui répond simplement ce que j'ai déjà dit à d'autres : " *Ecoute, Michel, tu te débrouilles comme tu veux avec le Pape, l'Eglise, l'évêque et le Gouvernement, mais tu es HEUREUX. C'est urgent. Et tu te dis que, malgré tout, la vie est belle !".*

Le samedi 9 novembre 1991, à la fin du tournage du film IP5 de Jean-Jacques BEINEIX, Yves MONTAND s'écroule, victime d'une crise cardiaque. Aux ambulanciers qui le conduisent à l'Hôpital, il déclare : "*Je sais que je suis foutu mais ce n'est pas grave, j'ai eu une très belle vie*".

Lorsque ma filleule était petite, dans les années 2000, il lui arrivait, lorsqu' elle était chez moi pour le week-end, avec sa maman et sa sœur, de faire pipi au lit. Le matin, lorsque j'allais la réveiller. Je lui posais deux questions. Première question : "*Est-ce que la vie est belle ?*". Elle me répondait : "*Oui*". Deuxième question : "*As-tu fait pipi au lit ?*". Et elle me répondait "*Oui*" ou "*Non*", selon le cas.

Plus tard, je lui disais simplement : "*Est-ce que première question ?*". Et elle me répondait simplement "*Oui*". Il n'y avait plus de deuxième question...

Aujourd'hui, elle est majeure. Et, de temps en temps, je lui demande encore : "*Est-ce que première question*". Et elle me répond presque toujours "*Oui*", sauf lorsqu' elle en a ras-le-bol de quelque chose ou de quelqu'un.

Je voudrais qu'elle arrive à découvrir par elle-même que la vie n'est pas belle automatiquement, simplement parce qu'elle est la vie. Mais que la vie est belle, parce qu'on a décidé qu'elle est belle. Malgré tout.

Oui, malgré tout ! Malgré tout ce que je vois, malgré tout ce que j'entends, malgré tout ce que je lis, malgré tout ce que je suis amené à faire par moments, la vie est belle.

Je connais des gens qui ont une conception tragique de la vie. Comme le géant ATLAS, condamné par Zeus à porter le monde sur ses épaules, ils portent sur eux tout le malheur du monde. Ils ne pourront pas être heureux tant qu'il y aura un malheureux quelque part.

Personne, j'en suis persuadé, ne me demande de prendre sur moi tout le malheur du monde, et de n'avoir de cesse que de tout soulager. Jésus de Nazareth n'a pas purifié tous les lépreux de Judée, de Samarie ou de Galilée... et encore moins de l'Empire romain ; il n'a pas rendu la vue à tous les aveugles, ni remis sur pieds tous les paralysés, ni guéri tous les malades. Il a fait ce qu'il croyait devoir faire, ce qu'il savait pouvoir faire, quand il fallait le faire, quand il pouvait le faire. Point, c'est tout. C'est pourquoi, lorsque j'ai fait ce que je peux faire, lorsque ma conscience me dit qu'il n'est pas possible aujourd'hui de faire plus ou de faire mieux... je me sers un whisky, et je le savoure. Demain sera un autre jour.

Je pense à la parabole du colibri, dans une légende amérindienne :

Un jour, il y eut un immense incendie de forêt. Tous les animaux terrifiés, atterrés, observaient impuissants le désastre. Seul le petit colibri s'activait, allant chercher quelques gouttes avec son bec pour les jeter sur le feu. Après un moment, le tatou, agacé par cette agitation dérisoire, lui dit : "Colibri ! Tu n'es pas fou ? Ce n'est pas avec ces pauvres gouttes d'eau que tu vas éteindre le feu !".

Et le colibri lui répondit : "Je le sais, mais je fais ma part".

Moi aussi, je fais ma part. Et je suis heureux de faire ma part. Et je suis heureux lorsque j'ai fait ma part.

Martin Luther KING, Mère TERESA, Sœur EMMANUELLE, l'Abbé PIERRE, Nelson MANDELA ont fait leur part, et peut-être même plus que leur part. Et leur vie a été belle. Avaient-ils donc l'air malheureux ?

ETRE HEUREUX, C'EST AVANT TOUT UN ETAT D'ESPRIT.

Je suis heureux.

Pourquoi ? Je n'en sais rien. C'est comme cela. Je n'y peux rien.

Peut-être parce que, dans mon enfance, j'ai été aimé. Et que j'ai appris à recevoir l'amour comme un don, et à aimer gratuitement en retour.

Le bonheur est avant tout un état d'esprit. Le bonheur est un choix. Fais le choix d'être heureux tout simplement.

Ne cherche pas le bonheur, trouve le.

Ce sont les plus petites gouttes qui font les océans. Vivre une journée à la fois, car cette journée est déjà bien remplie, elle est remplie de choses à faire, de responsabilités, de joies et de peines. J'aime cette réflexion, qu'on attribue à GANDHI : "*Vis comme si tu devais mourir demain. Apprends comme si tu devais vivre toujours !*".

Lorsque dans le miroir ta figure te déplaît, a quoi ça sert de briser le miroir ? Ce n'est pas lui qu'il faut casser ! C'est toi qu'il faut changer. Ou bien, c'est toi que tu dois accepter.

Sois reconnaissant, pour tout ce que tu es et pour tout ce que tu as. Sois reconnaissant pour la nourriture que tu dégustes, pour le vêtement qui couvre ton corps, et le toit que tu as sur la tête. Sois conscient de tous ces menus détails. Un chant d'oiseau, un sourire d'enfant, un coucher de soleil, un souper entre amis. Il m'est arrivé bien souvent, déjeunant d'une tranche de jambon et de pommes de terre cuites à l'eau de me dire à moi-même : "C'est bon !". Et d'être heureux.

Sois heureux pour ce que tu es, et pour ce que tu fais, pas pour ce que tu as. Le bonheur ne se consomme pas, il s'apprécie.

N'envie pas le bonheur des autres car il est relatif à chacun. Jouis de ton propre bonheur. Le bonheur est contagieux. Sois simplement heureux. Et tu donneras envie aux autres d'être heureux.

Et puis surtout, cesse de parler du bonheur et vis. Simplement, vis !

Médite souvent cette réflexion que saint LUC attribue à Jésus : *"Il y avait un homme riche dont les terres avaient beaucoup rapporté. Il se demandait en lui-même: Que vais-je faire? Car je n'ai pas où recueillir ma récolte. Puis il se dit: Voici ce que je vais faire: j'abattrai mes greniers, j'en construirai de plus grands, j'y recueillerai tout mon blé et mes biens, et je dirai à mon âme: Mon âme, tu as quantité de biens en réserve pour de nombreuses années; repose-toi, mange, bois, fais la fête. Mais Dieu lui dit: Insensé, cette nuit même, on va te redemander ton âme. Et ce que tu as amassé, qui l'aura ? Ainsi en est-il de celui qui thésaurise pour lui-même, au lieu de s'enrichir en vue de Dieu."* (Evangile selon Luc 12, 13-21)

IL FAUT IMAGINER SISYPHE HEUREUX (A. CAMUS)

Aux vers 593-610 de l'Odyssée, Homère écrit :

Et je vis Sisyphe qui souffrait de grandes douleurs
et poussait un énorme rocher avec ses deux mains.
Et il s'efforçait, poussant ce rocher des mains et des pieds
jusqu'au sommet d'une montagne.
Et quand il était près d'en atteindre ce faîte,
alors la masse l'entraînait, et l'immense rocher roulait jusqu'au bas.
Et il recommençait de nouveau, et la sueur coulait de ses membres,
et la poussière s'élevait au-dessus de sa tête. "

Dans "Le mythe de Sisyphe", écrit en 1942, Albert CAMUS, reprend l'aventure de ce héros de la mythologie, dont il fait le type même de l'homme condamné à une tâche absurde. Je le cite :

Tout au bout de ce long effort mesuré par l'espace sans ciel et le temps sans profondeur, le but est atteint. Sisyphe regarde alors la pierre dévaler en quelques instants vers ce monde inférieur d'où il faudra la remonter vers les sommets. Il redescend dans la plaine.

C'est pendant ce retour, cette pause, que Sisyphe m'intéresse. Un visage qui peine si près des pierres est déjà pierre lui-même. Je vois cet homme redescendre d'un pas lourd mais égal vers le tourment dont il ne connaîtra pas la fin. Cette heure qui est comme une respiration et qui revient aussi sûrement que son malheur, cette heure est celle de la conscience. A chacun de ces instants, où il quitte les sommets et s'enfonce peu à peu vers les tanières des dieux, il est supérieur à son destin. Il est plus fort que son rocher.

Si ce mythe est tragique, c'est que son héros est conscient. Où serait en effet sa peine, si à chaque pas l'espoir de réussir le soutenait ? L'ouvrier d'aujourd'hui travaille, tous les jours de sa vie, aux mêmes tâches et ce destin n'est pas moins absurde. Mais il n'est tragique qu'aux rares moments où il devient conscient. Sisyphe, prolétaire des dieux, impuissant et révolté, connaît toute l'étendue de sa misérable condition : c'est à elle qu'il pense pendant sa descente. La clairvoyance qui devait faire son tourment consomme du même coup sa victoire. Il n'est pas de destin qui ne se surmonte par le mépris.

Si la descente ainsi se fait certains jours dans la douleur, elle peut se faire aussi dans la joie. Ce mot n'est pas de trop. J'imagine encore Sisyphe revenant vers son rocher, et la douleur était au début. Quand les images de la terre tiennent trop fort au souvenir, quand l'appel du bonheur se fait trop pressant, il arrive que la tristesse se lève au cœur de l'homme : c'est la victoire du rocher, c'est le rocher lui-même. Ce sont nos nuits de Gethsémani. Mais les vérités écrasantes périssent d'être reconnues. Ainsi, Œdipe obéit d'abord au destin sans le savoir. A partir du moment où il sait, sa tragédie commence. Mais dans le même instant, aveugle et désespéré, il reconnaît que le seul lien qui le rattache au monde, c'est la main fraîche d'une jeune fille. Une parole démesurée retentit alors : "Malgré tant d'épreuves, mon âge avancé et la grandeur de mon âme me font juger que tout est bien". L'Œdipe de Sophocle, comme le Kirilov de Dostoïevsky, donne ainsi la formule de la victoire absurde. La sagesse antique rejoint l'héroïsme moderne.

On ne découvre pas l'absurde sans être tenté d'écrire quelque manuel du bonheur. " Eh ! quoi, par des voies si étroites... ? " Mais il n'y a qu'un monde. Le bonheur et l'absurde sont deux fils de la même terre. Ils sont inséparables. L'erreur serait de dire que le bonheur naît forcément de la découverte absurde. Il arrive aussi bien que le sentiment de l'absurde naisse du bonheur. " Je juge que tout est bien ", dit Œdipe, et cette parole est sacrée. Elle retentit dans l'univers farouche et limité de l'homme. Elle enseigne que tout n'est pas, n'a pas été épuisé. Elle chasse de ce monde un dieu qui y était entré avec l'insatisfaction et le goût des douleurs inutiles. Elle fait du destin une affaire d'homme, qui doit être réglée entre les hommes.

Toute la joie silencieuse de Sisyphe est là. Son destin lui appartient. Son rocher est sa chose. De même, l'homme absurde, quand il contemple son tourment, fait taire toutes les idoles. Dans l'univers soudain rendu à son silence, les mille petites voix émerveillées de la terre s'élèvent. Appels inconscients et secrets, invitations de tous les visages, ils sont l'envers nécessaire et le prix de la victoire. Il n'y a pas de soleil sans ombre, et il faut connaître la nuit.

L'homme absurde dit oui et son effort n'aura plus de cesse. S'il y a un destin personnel, il n'y a point de destinée supérieure ou du moins il n'en est qu'une dont il juge qu'elle est fatale et méprisable. Pour le reste, il se sait le maître de ses jours. A cet instant subtil où l'homme se retourne sur sa vie, Sisyphe, revenant vers son rocher, contemple cette suite d'actions sans lien qui devient son destin, créé par lui, uni sous le regard de sa mémoire et bientôt scellé par sa mort. Ainsi, persuadé de l'origine tout humaine de tout ce qui est humain, aveugle qui désire voir et qui sait que la nuit n'a pas de fin, il est toujours en marche. Le rocher roule encore.

Je laisse Sisyphe au bas de la montagne ! On retrouve toujours son fardeau. Mais Sisyphe enseigne la fidélité supérieure qui nie les dieux et soulève les rochers. Lui aussi juge que tout est bien. Cet univers désormais sans maître ne lui paraît ni stérile ni fertile. Chacun des grains de cette pierre, chaque éclat minéral de cette montagne pleine de nuit, à lui seul, forme un monde. La lutte elle-même vers les sommets suffit à remplir un cœur d'homme. Il faut imaginer Sisyphe heureux.

Albert CAMUS
Le Mythe de Sisyphe, Gallimard, 1942

Ce texte de CAMUS, je n'y adhère pas totalement. Mais j'ai tenu à le citer intégralement, parce qu'il a marqué mes vingt ans, qu'il occupe une place importante dans la littérature de notre époque, et qu'il marque encore aujourd'hui la pensée de beaucoup de nos contemporains.

Il est vrai que le monde n'a pas de sens. Que la vie n'a pas de sens. Mais il est aussi vrai que, si je désire vivre, il me revient de donner un sens, une direction, une orientation au monde et à ma vie. Ce n'est qu'ainsi qu'on échappe à l'absurde. Et qu'on peut découvrir le Bonheur.

Sisyphe est arrivé au bas du Caucase. Il y retrouve le rocher qu'il doit remonter tout en haut, sachant qu'il n'y restera pas, mais re-dégringolera jusqu'en bas... ensuite de quoi, il faudra de nouveau le remonter jusqu'en haut... Il s'arc-boute au rocher, qui est devenu "son" rocher, dont il connaît les moindres anfractuosités. Et il pousse. Et il remonte. Un pas. Et un pas. Et un pas.

Ce qu'il fait est absurde. Il le sait. Il en a conscience. Mais il doit le faire. Car telle est sa condamnation. Cependant, presque malgré lui, sa pensée s'évade vers de verts pâturages. Et il rêve à celle qui fut sa bien-aimée. Il la revoit jeune et belle, cheveux épars, lorsqu'il la prenait dans ses bras et qu'elle s'offrait à lui. Il ne s'aperçoit même plus qu'il pousse son rocher. Le geste, l'effort, sont toujours là, mais comme s'ils ne lui coûtaient plus. Alors, il fait une pause, une petite pause. Et il se surprend à siffloter, à chantonner. Pourtant, il sait que, dans quelques instants, il lui faudra de nouveau reprendre sa tâche absurde, et pousser son rocher vers le haut, d'où il redescendra. Mais ici, tout de suite, à cette heure même, pendant ces quelques instants, Sisyphe est heureux.

LA BOITE DE PANDORE… ET L'ESPERANCE…
(d'après "Les travaux et les jours" d'HESIODE – vers 109 et suivants)

Après que Prométhée a fait l'erreur de donner aux hommes le feu sans l'autorisation de Zeus, celui-ci décide de donner une bonne leçon aux hommes.

Ainsi il crée la toute première femme : Pandore.

Et tous les Dieux se mettent à la tâche pour créer la créature la plus parfaite et belle qui soit. Héphaïstos la sculpte dans de l'argile, Athéna lui donne la vie et l'habileté, Aphrodite lui lègue la beauté, Héra la curiosité et la jalousie, Hermès le mensonge et la persuasion, et enfin Apollon le talent musical.

Ainsi créée, Zeus donne à Pandore un mystérieux vase qu'elle doit protéger mais qu'elle ne doit ouvrir en aucun cas. Puis il offre cette merveilleuse jeune femme à Epiméthée (frère de Prométhée) qui l'épouse.

Quelques temps plus tard, Pandore, piquée par la curiosité, ouvre le vase interdit.

Geste fatal par excellence puisque de ce vase s'échappent la maladie, la vieillesse, la guerre, la folie, le vice, la famine, la misère, la tromperie et la passion.

Paniquée Pandore tente de reboucher le vase tant bien que mal, mais trop tard, car tous les maux de l'humanité s'abattent sur les hommes, mais …

… Seule reste au fond de ce vase… l'Espoir !

voici la traduction du texte original d'HESIODE :

Les dieux ont caché aux hommes les ressources de la vie ; sans cela on gagnerait facilement en un seul jour de quoi vivre toute une année, même sans rien faire ; tout de suite, on suspendrait le gouvernail à la fumée du foyer ; on laisserait s'anéantir l'ouvrage des bœufs et des mulets infatigables. Mais Zeus les a cachées, irrité dans son cœur d'avoir été dupé par la fourberie de Prométhée ; c'est pourquoi il a préparé aux hommes de pénibles soucis. Il leur cacha le feu ; mais de nouveau, le noble fils de Iapétos (Prométhée) le déroba au sage Zeus, pour le donner aux hommes ; il l'enferma dans le creux d'une férule, à l'insu de Zeus qui lance la foudre. Irrité, Zeus, l'assembleur des nuages, lui dit : « Fils de Iapétos, le plus indus-trieux des êtres, tu es fier d'avoir dérobé le feu et de m'avoir trompé ; mais de grands malheurs en résulteront pour toi-même et pour les hommes à venir ; pour leur faire payer la possession du feu, je leur enverrai un fléau dont ils se réjouiront tous et qui les séduira tout en causant leur perte. »

Ainsi parla, avec un grand rire, le père des hommes et des dieux ; puis il donna ses ordres : l'illustre Héphaïstos devait sur-le-champ pétrir de la terre en la mouillant, la douer de la voix et de la force d'un être humain, la former à l'image des déesses immortelles, avec le charme d'une belle jeune fille ; Athéna lui apprendrait à travailler, à tisser artistement l'étoffe ; la brillante Aphrodite répandrait autour de sa tête la grâce, le désir douloureux et les soucis qui rongent notre chair ; à Hermès, l'agile messager, Zeus enjoignit de lui donner un esprit impudent et un caractère dissimulé.

Ainsi parla Zeus, fils de Cronos, et les dieux obéirent à leur souverain : sur-le-champ, l'illustre Héphaïstos modela en terre l'image d'une pudique jeune fille, suivant l'ordre du fils de Cronos, la déesse Athéna aux yeux de chouette lui mit une ceinture et drapa ses vêtements ; les Grâces et l'auguste Persuasion la parèrent d'un collier d'or, tandis que les Saisons aux beaux cheveux la couronnaient de fleurs printanières ; dans son cœur, l'agile messager, le héraut des dieux, plaça le mensonge, un langage séducteur et un caractère dissimulé ; et cette femme reçut le nom de Pandore, parce que chacun des habitants de l'Olympe avait fait un don à ce fléau des hommes qui se nourrissent de pain. Puis, quand Zeus eut bien préparé son piège inévitable, il envoya à Épiméthée son agile et illustre fils, le rapide messager des dieux, pour lui apporter ce présent ; Épiméthée ne se souvint pas que Prométhée lui avait dit de ne jamais accepter les présents de Zeus Olympien, mais de les renvoyer, de crainte qu'il n'arrivât malheur aux mortels. Il accepta le don fatal, et, quand il l'eut, il comprit tout.

Auparavant, sur la terre, l'espèce humaine vivait loin des maux, à l'abri de la fatigue, de la peine, des maladies terribles qui font périr les hommes… C'est cette femme qui, en levant de ses mains le vaste couvercle de la jarre, les laissa échapper, et prépara aux hommes de pénibles soucis. Seul, l'Espoir, n'ayant pas atteint les bords de la jarre, resta dans sa prison infrangible, et ne put s'envoler au-dehors : avant qu'il sortît, Pandore avait laissé retomber le couvercle. Mille autres fléaux, néanmoins, sont répandus parmi les hommes ; la terre est pleine de maux, la mer en est pleine ; les maladies, spontanément, viennent nuit et jour visiter les mortels ; elles leur apportent la douleur, en silence, car le sage Zeus les a privées de la voix. Il n'est donc pas possible de se soustraire aux volontés de Zeus.

HESIODE, *Les Travaux et les Jours*, Trad. Pierre Waltz, © éd. Mille et une nuits

UNE LECTURE SUBVERSIVE DES BEATITUDES
(une Homélie pour la TOUSSAINT)

Heureux les pauvres de cœur: le Royaume des cieux est à eux.
Heureux les doux: ils auront la terre en partage.
Heureux ceux qui pleurent: ils seront consolés.
Heureux ceux qui ont faim et soif de la justice: ils seront rassasiés.
Heureux les miséricordieux: il leur sera fait miséricorde.
Heureux les cœurs purs: ils verront Dieu.
Heureux ceux qui font oeuvre de paix: ils seront appelés fils de Dieu.
Heureux ceux qui sont persécutés pour la justice:
le Royaume des cieux est à eux.
(Matthieu 5, 1-12 – Traduction Œcuménique de la Bible)

Le texte, dit des Béatitudes, forme, dans le récit de Matthieu, le début du discours inaugural de Jésus. Il a souvent été interprété comme un encouragement à la résignation, à la passivité et à la soumission pour tous : *Bienheureux les pauvres en esprit* (sous-entendu vous et moi), *le Royaume des cieux est à eux* ! (ce qui, en fait n'engage à rien). Ou encore : *Plus vous serez pauvres sur la terre, plus vous serez heureux au ciel* ! (sous-entendu : Ne *cherchez pas à vous révolter, vous risqueriez de perdre le bonheur éternel* !...).

Rappelons tout d'abord que les récits évangéliques ont été rédigés en grec, par des hommes dont la langue maternelle était l'hébreu (voire même l'araméen), pour être ensuite, dans une période relativement récente, traduits du grec en français. Précisons également que la compréhension des mêmes termes, dans une même langue, a évolué dans le temps. C'est pourquoi un dicton italien prétend : *Traduttore, traditore* ! Tout traducteur est un traître !

Dans les années 1970, André CHOURAQUI a traduit le Nouveau Testament, dans un premier temps du grec en hébreu, puis de l'hébreu en français :

En marche, les humiliés ! Oui le royaume des ciels est à eux !
En marche, les endeuillés ! Oui, ils seront réconfortés !
En marche, les humbles ! Oui, ils hériteront la terre !
En marche, les affamés et les assoiffés de justice ! Oui, ils seront rassasiés !
En marche, les cœurs purs ! Oui, ils verront Elohim !
En marche, les faiseurs de paix ! Oui, ils seront criés fils d'Elohim !
(Matthieu 5, 1-12 – Traduction d'André CHOURAQUI)

Il explicite ainsi sa traduction : *En marche les humiliés ! Oui, le royaume des ciels est à eux* !, précisant : *en hébreu, le mot (qu'on traduit habituellement* par "Bienheureux" en français) évoque la rectitude de l'homme en marche sur une route qui va droit vers l'Eternel. Si nous autres, Français, entonnions ainsi l'hymne national : "Bienheureux les enfants de la patrie, car le jour de gloire est arrivé !"; ça n'aurait pas la même signification ni la même puissance d'évocation que de chanter : "Allons, enfants de la Patrie, le jour de gloire est arrivé…".

Y aurait-il donc une autre lecture des Béatitudes, invitant à se mettre en marche les humiliés, les endeuillés, les humbles, les affamés et assoiffés de justice, les cœurs purs, les faiseurs de paix, les persécutés pour la justice ? Et pourquoi pas ? Dans le contexte de l'époque et du pays, où les petits, les exclus, les lépreux, les impurs étaient déclarés hors la Loi par les responsables religieux juifs, et n'avaient le droit que de se taire, les déclarer heureux n'était pas de grande conséquence, sinon de les inciter à rester ainsi, laissant les puissants agir à leur guise. En revanche les inviter à se mettre en marche et à prendre en mains leur destin pouvait passer pour subversif. Je n'en veux pour simple preuve qu'un jour les Pharisiens et les membres de l'Aristocratie sacerdotale d'un côté, en accord avec la puissance d'occupation romaine, réalisèrent l'union sacrée, et s'entendirent pour condamner à mort Celui qui avait prononcé de telles paroles, et mis ses actes en conformité avec ces paroles.

Et je poursuis. C'est quotidiennement que nous avons à évangéliser notre lecture de l'Evangile, je veux dire que c'est chaque jour que nous devons apprendre à lire et à vivre l'Evangile dans l'Esprit de Celui qui l'a vécu devant les hommes, par fidélité au désir de son Père.

Imaginez-vous aujourd'hui des slogans tels que : Bienheureux vous qui souffrez du sida, mon Père vous guérira ? Bienheureux vous les Roms, vous aurez une demeure éternelle dans les cieux ! Bienheureux vous les sans-papiers, mon Père au moins vous connaît ? Bienheureux les Sans-Emploi, vous serez employés ? Alors pourquoi imaginer que le Christ ait pu dire de semblables paroles ?

Et si les Béatitudes étaient une invitation pour les pauvres, les humiliés, les opprimés à prendre conscience de l'appel qui leur est adressé, et à se mettre debout ? Et si ce que nous nommons "les Béatitudes" était une invitation à nous mettre en marche ?

Aujourd'hui encore, comme hier et comme toujours, et peut-être plus qu'hier et plus que jamais, l'Eglise doit éveiller, exhorter, encourager. Aujourd'hui encore nous devons annoncer : En marche les malades du Sida, ne ployez pas devant la fatalité de la maladie et de la mort ! En marche les Sans Domicile Fixe, les sans-papiers, faites respecter vos droits ! En marche les

Sans-Emploi, faites donc entendre votre voix ! En marche vous qui pouvez donner un emploi à qui n'en a pas, ne craignez donc pas pour demain ! En marche, vous qui avez la santé, montrez-vous solidaires de ceux qui souffrent et soulagez leurs souffrances autant que vous le pouvez ! En marche vous qui avez la chance d'avoir un toit sur votre tête, faites en sorte que tous soient comme vous !

Car le bonheur n'est pas automatique pour le pauvre, pour le malade, pour celui qui est triste, persécuté; pas pour qui subit l'injustice, pas pour le chômeur qui ne trouve pas d'emploi, ni pour le S.D.F. Le bonheur est pour qui n'accepte pas l'absurde, l'injustice, l'oppression; pour qui se lève, se met en marche, et entre en lutte pour la santé, pour la justice, pour l'emploi, pour le partage des richesses. Car alors, sa vie a trouvé un sens.

BOUDDHA ET GANDHI

Dans le "sermon" que BOUDDHA aurait prononcé à BENARES, en 525 avant Jésus-Christ, celui-ci parle du "chemin du milieu". Il ne se prétend pas l'adepte du "juste milieu", au sens où l'entendent ceux qui hésitent à prendre parti, à s'engager ou désirent ne mécontenter personne. Il met en garde ses adeptes (et nous aussi par la même occasion...) contre un excès d'attachement à soi-même et au monde, et un excès de mépris de soi-même et du monde. Il a en effet découvert que l'un comme l'autre sont cause de douleur, et donc empêchent d'être heureux. Le travail du Sage consiste donc, selon BOUDDHA, à éteindre tout désir en soi, afin de faire cesser toute douleur. Et d'atteindre le Nirvana...

> *ses disciples demandèrent à Bouddha :*
> *Maître, le Nirvana, est-ce quelque chose ou n'est-ce rien ?...*
> *et Bouddha ne répondit pas...*
> *... mais pour moi,*
> *le Nirvana, c'est tout simplement le BONHEUR.*

Voici le sermon de BENARES :

Alors, en vérité, le Bienheureux dit aux moines du groupe des cinq :

"Il y a, ô moines, deux extrêmes qui ne doivent pas être fréquentés par un religieux errant: celui qui est l'attachement aux plaisir sensuels, vil, rustre, vulgaire, ignoble, associé au malheur, et celui qui est l'attachement à la macération de soi-même, pénible, ignoble, associé au malheur. Voici, ô moines, également éloigné de ces deux extrêmes, le chemin du milieu découvert par le Tathâgata , celui qui crée la connaissance, qui conduit à l'apaisement, à la connaissance surnaturelle, à l'Éveil complet, a l'Extinction . Quel est, ô moines, ce chemin du milieu découvert par le Tathâgata (le Bouddha = l'Illuminé), celui qui crée la connaissance, qui conduit à l'apaisement, à la connaissance surnaturelle, à l'Éveil complet, à l'Extinction ? C'est la sainte Voie aux huit membres, à savoir l'opinion correcte, l'intention correcte, la parole correcte, l'activité correcte, les moyens d'existence corrects, l'effort correct, l'attention correcte et la concentration correcte. Tel est, en vérité, ô moines, le chemin du milieu découvert par le Tathâgata , celui qui crée la connaissance, qui conduit à l'apaisement, à la connaissance surnaturelle, à l'Éveil complet, à l'Extinction.

> *« Voici en outre, en vérité, ô moines, la sainte vérité de la douleur :*
> *la naissance est douleur, la vieillesse est douleur, la maladie est douleur,*
> *la mort est douleur, l'union avec ce que l'on n'aime pas est douleur,*

la séparation d'avec ce que l'on aime est douleur,
ne pas obtenir ce que l'on désire est douleur ;
en résumé, les cinq agrégats d'appropriation sont douleur.

Voici en outre, en vérité, ô moines, la sainte vérité de l'origine de la douleur :
la soif, qui fait revenir à l'existence,
accompagnée de la passion des plaisirs,
qui trouve son plaisir ici et là, à savoir la soif des plaisirs des sens,
la soif de l'existence, la soif de l'inexistence.

Voici en outre, en vérité, ô moines, la sainte vérité
de la cessation de la douleur :
ce qui est la cessation et le détachement sans reste de cette soif,
son rejet, son renoncement, sa libération, son absence d'attachement.

Voici en outre, en vérité, ô moines, la sainte vérité du chemin
qui mène à la cessation de la douleur :
C'est la sainte Voie octuple, à savoir
l'opinion correcte,
la pensée correcte,
la parole correcte,
l'activité correcte,
les moyens d'existence corrects,
l'effort correct,
l'attention correcte,
la concentration correcte.

Vingt-cinq siècles après BOUDDHA, GANDHI, reprenant cette idée, déclarait:
"La civilisation, au vrai sens du terme, ne consiste pas à multiplier les besoins, mais à les limiter volontairement. C'est le seul moyen pour connaître le vrai bonheur et nous rendre plus disponible aux autres. Il faut un minimum de bien-être et de confort; mais passé cette limite, ce qui devrait nous aider devient une source de gêne. Vouloir créer un nombre illimité de besoins pour avoir ensuite à les satisfaire n'est que poursuite du vent. Ce faux idéal n'est qu'un traquenard".

Je dirai autrement : Le Bonheur n'est pas de l'ordre de l'AVOIR, mais de l'ordre de l'ETRE.

JESUS ETAIT UN HOMME HEUREUX

Il y a quelques années, pour un Week-end de réflexion avec un groupe d'amis, j'avais demandé à un ami, professeur de français dans un Lycée, de nous faire une explication de texte, comme il en faisait avec ses élèves de Première, sur le récit de la Passion dans l'évangile selon Jean. En dégageant le projet de chacun des acteurs. Il avait accepté. Pour lui, c'était une première!

Et le jour venu, il nous a fait son exposé : contexte historique, géographique et sociologique, et recherche du projet de chacun des acteurs ou des groupes d'acteurs :

- Pilate : pas de vagues. Ce n'est pas un tendre, mais il n'a aucune envie de condamner Jésus. Néanmoins il a peur des chefs religieux juifs, qui peuvent le dénoncer à l' empereur. Alors... *il le leur livra...*
- Les membres du Sanhédrin : ils sont divisés entre eux, mais, après la réflexion du Grand-Prêtre : "*Il vaut mieux qu'un homme meure que tout le Peuple*", ils réalisent l'union sacrée, et se décident à arrêter Jésus, pour ensuite le livrer à Pilate.
- Les Douze : ils ont peur d'être arrêtés comme complices de Jésus. Ils s'évanouissent dans la nature...
- Judas : comme terroriste (repenti ou encore en action) il est "à la main" des Romains, il leur livre Jésus, parce qu'il ne peut pas faire autrement, mais il se rend compte qu'il a été dupé, qu'il a perdu tout honneur, et il se pend.
- Et Jésus...

... là, notre ami marque un temps d'arrêt, et nous dit : *J'avoue que je ne parviens pas à saisir quel est le projet de Jésus. Car tout se passe dans le texte, comme si Jésus n'avait qu'un seul projet : réaliser le projet de Celui qu'il nomme Son Père.*

Et d'un coup, nous comprenons qu'il ne peut pas en être autrement. Jésus a conscience d'avoir à réaliser un projet qui le dépasse, et il s'y donne tout entier, et à plein temps. Pour Jésus, réaliser le projet de Son Père, cela signifie suivre sa conscience ("*Mon Père et moi nous sommes Un*" – Evangile de Jean 10, 30), accomplir tout ce que sa conscience lui dit être bien, s'interdire d'accomplir tout ce qui va contre sa conscience. Il est ainsi, après Socrate, l'objecteur de conscience par excellence. Ainsi manifeste-t-il qu'il est parfaitement libre.

Et sur la croix, il a conscience d'avoir agi en homme libre. "*Tout est accompli!*" dit-il. Et il meurt. Heureux ? Pourquoi pas !

HEUREUX

Tu es heureux
toi qui jouis simplement du parfum d'une rose,
Tu sais la paix de Dieu.

Tu es heureux
toi qui regardes un enfant avec amour,
C'est la face de Dieu.

Tu es heureux
toi qui ris aux éclats et qui sais faire rire,
Tu es la joie de Dieu.

Tu es heureux
toi qui tout simplement sais te laisser aimer,
L'Esprit te justifie.

Tu es heureux
toi qui sais compatir à la souffrance de l' autre,
Tu es miséricorde.

Tu es heureux
toi qui donnes du temps à la chose publique,
Tu fais l'œuvre de Dieu.

Tu es heureux
toi qui tout simplement vis pour un idéal,
Tu habites en Dieu.

Tu es heureux
toi qui as combattu sans violence et sans haine,
Tu vas vers l'avenir.

Tu es heureux
toi qui vois au-delà de tout ce qui se voit,
Ton regard est de Dieu.

Tu es heureux
toi qui as la patience d'attendre sans subir,
Crois-moi, tu iras loin.

Tu es heureux
toi qui sais accepter le conseil d'un enfant,
Tu seras un grand homme.

Tu es heureux
toi qui sais partager le peu que tu possèdes,
Rien ne te manquera.

Tu es heureux
toi qui sais te réjouir du bonheur du voisin,
Tu ne seras pas seul.

Tu es heureux
toi qui, quoi qu'il arrive, ne te résignes pas,
Tu iras très, très loin.

Tu es heureux
toi qui aimant la vie, en jouis avidement,
Tu ne mourras jamais.

Tu es heureux
toi qui vois bien plus loin que le monde apparent,
Tu vis l'éternité.

PETITES BEATITUDES DE LA SAGESSE CHRETIENNE
Joseph FOLLIET (1903 – 1972)

Bienheureux ceux qui savent rire d'eux-mêmes
Ils n'ont pas fini de s'amuser.

Bienheureux ceux qui savent distinguer une montagne d'une taupinière
Il leur sera épargné bien des tracas.

Bienheureux ceux qui regardent où ils mettent le pied
Ils éviteront bien des désagréments.

Bienheureux ceux qui sont capables de se reposer
et de dormir sans chercher d'excuses
ils deviendront sages.

Bienheureux ceux qui savent se taire et écouter
Ils en apprendront des choses nouvelles.

Bienheureux ceux qui sont assez intelligents
pour ne pas se prendre au sérieux
ils seront appréciés de leur entourage.

Bienheureux ceux qui sont attentifs à l'appel des autres,
sans toutefois se croire indispensables
ils seront ferments de foi.

Heureux êtes-vous si vous savez regarder sérieusement
les petites choses et paisiblement les choses sérieuses :
vous irez loin dans la vie.

Heureux êtes-vous si vous savez admirer un sourire
et oublier une grimace
votre route sera ensoleillée

.

Heureux êtes-vous si vous êtes capables de toujours interpréter
avec bienveillance les attitudes d'autrui,
même si les apparences sont contraires
Vous passerez pour des naïfs, mais la charité est à ce prix

.

Bienheureux ceux qui pensent avant d'agir et qui prient avant de penser ils éviteront bien des bêtises.

Heureux êtes-vous si vous savez vous taire et sourire,
même lorsqu'on vous coupe la parole,
lorsqu'on vous contredit ou qu'on vous marche sur les pieds
L'Evangile commence à pénétrer votre cœur.

Bienheureux surtout vous qui savez reconnaître le Seigneur
en tous ceux que vous rencontrez
Vous avez trouvé la vraie lumière, Vous avez trouvé la véritable sagesse

PRIERE DE LA SERENITE

On prétend que ce texte a été écrit par des moines du Moyen Age… C'est possible… Pourquoi pas !
On attribue le texte en caractères gras à saint Thomas MORE, chancelier d'Henri VIII, roi d'Angleterre… C'est possible… Pourquoi pas !
Quel que soit son auteur, quelle que soit son origine, d'où qu'il vienne, il me convient. Car c'est une excellente définition du Bonheur.

JP.B

Si, dans ta vie, un jour tu devais pleurer,
Te sentant bien seul, loin de ceux que tu as aimés.
Dis toi bien qu'il y aura toujours
Quelqu'un qui te montrera le droit chemin.

Écoute ces mots, car moi qui te les dis,
Je n'ai pas toujours été ce que je suis.
J'ai connu bien des pleurs, des paniques, et des misères,
Alors récite avec moi cette prière.

Mon Dieu donne-moi la sérénité,
d'accepter toutes les choses que je ne peux changer.
Donne-moi le courage de changer les choses que je peux,
Et la sagesse d'en connaître la différence.

Tu devras aussi te prendre en main,
Si tu veux changer ton destin,
Laisse de côté les choses qui te détruisent,
Tu auras alors de belles surprises.

Pour toi, chaque jour deviendra ensoleillé,
Ton cœur s'ouvrira à l'amour.
Ne vis qu'un jour à la fois si tu veux en profiter,
Et tu seras heureux pour toujours.

Mon Dieu donne-moi la sérénité,
d'accepter toutes les choses que je ne peux changer.
Donne-moi le courage de changer les choses que je peux changer
Et la sagesse d'en connaître la différence.

Quand ma patience est à bout, aide-moi à la retrouver.
Apprends-moi à faire face aux difficultés avec calme et sérénité.

Lorsque, je suis à court de réponses vives et d'explications intelligentes,
Permets que cesse le flot de questions, au moins pendant un court moment.

Mon Dieu donne-moi la sérénité,
d'accepter toutes les choses que je ne peux changer.
Donne-moi le courage de changer les choses que je peux,
Et la sagesse d'en connaître la différence.

Et quand j'ai l'impression que les journées sont trop brèves
pour que je puisse accomplir toutes les tâches qui m'attendent,
Fais au moins que je trouve le temps de faire le plus important,
le temps d'écouter, le temps d'aimer et le temps de rire aussi.

Mon Dieu donne-moi la sérénité
D'accepter toutes les choses que je ne peux changer,
donne-moi le courage de changer les choses que je peux changer
Et la sagesse d'en connaître la différence.

Ode au TEMPS (GERARD DE NERVAL)

I

Le Temps ne surprend pas le sage ;
Mais du Temps le sage se rit,
Car lui seul en connaît l'usage ;
Des plaisirs que Dieu nous offrit,
Il sait embellir l'existence ;
Il sait sourire à l'espérance,
Quand l'espérance lui sourit.

II

Le bonheur n'est pas dans la gloire,
Dans les fers dorés d'une cour,
Dans les transports de la victoire,
Mais dans la lyre et dans l'amour.
Choisissons une jeune amante,
Un luth qui lui plaise et l'enchante ;
Aimons et chantons tour à tour !

III

" Illusions ! vaines images ! "
Nous dirons les tristes leçons
De ces mortels prétendus sages
Sur qui l'âge étend ses glaçons ; "
" Le bonheur n'est point sur la terre,
Votre amour n'est qu'une chimère,
Votre lyre n'a que des sons ! "

IV

Ah ! préférons cette chimère
A leur froide moralité ;
Fuyons leur voix triste et sévère ;
Si le mal est réalité,
Et si le bonheur est un songe,
Fixons les yeux sur le mensonge,
Pour ne pas voir la vérité.

V

Aimons au printemps de la vie,
Afin que d'un noir repentir
L'automne ne soit point suivie ;
Ne cherchons pas dans l'avenir
Le bonheur que Dieu nous dispense ;
Quand nous n'aurons plus l'espérance,
Nous garderons le souvenir.

VI

Jouissons de ce temps rapide
Qui laisse après lui des remords,
Si l'amour, dont l'ardeur nous guide,
N'a d'aussi rapides transports :
Profitons de l'adolescence,
Car la coupe de l'existence
Ne pétille que sur ses bords !

(1824 *Poésies de jeunesse)*

OU EST DONC LE BONHEUR ? (VICTOR HUGO)

Sed satis est jam posse mori.
(Mais il suffit d'être mortel)
LUCAIN.

Où donc est le bonheur ? disais-je. - Infortuné !
Le bonheur, ô mon Dieu, vous me l'avez donné.

Naître, et ne pas savoir que l'enfance éphémère,
Ruisseau de lait qui fuit sans une goutte amère,
Est l'âge du bonheur, et le plus beau moment
Que l'homme, ombre qui passe, ait sous le firmament !

Plus tard, aimer, - garder dans son cœur de jeune homme
Un nom mystérieux que jamais on ne nomme,
Glisser un mot furtif dans une tendre main,
Aspirer aux douceurs d'un ineffable hymen,
Envier l'eau qui fuit, le nuage qui vole,
Sentir son cœur se fondre au son d'une parole,
Connaître un pas qu'on aime et que jaloux on suit,
Rêver le jour, brûler et se tordre la nuit,
Pleurer surtout cet âge où sommeillent les âmes,
Toujours souffrir ; parmi tous les regards de femmes,
Tous les buissons d'avril, les feux du ciel vermeil,
Ne chercher qu'un regard, qu'une fleur, qu'un soleil !

Puis effeuiller en hâte et d'une main jalouse
Les boutons d'orangers sur le front de l'épouse ;
Tout sentir, être heureux, et pourtant, insensé
Se tourner presque en pleurs vers le malheur passé ;
Voir aux feux de midi, sans espoir qu'il renaisse,
Se faner son printemps, son matin, sa jeunesse,
Perdre l'illusion, l'espérance, et sentir
Qu'on vieillit au fardeau croissant du repentir,
Effacer de son front des taches et des rides ;
S'éprendre d'art, de vers, de voyages arides,
De cieux lointains, de mers où s'égarent nos pas ;
Redemander cet âge où l'on ne dormait pas ;
Se dire qu'on était bien malheureux, bien triste,
Bien fou, que maintenant on respire, on existe,
Et, plus vieux de dix ans, s'enfermer tout un jour

Pour relire avec pleurs quelques lettres d'amour !

Vieillir enfin, vieillir ! comme des fleurs fanées
Voir blanchir nos cheveux et tomber nos années,
Rappeler notre enfance et nos beaux jours flétris,
Boire le reste amer de ces parfums aigris,
Être sage, et railler l'amant et le poète,
Et, lorsque nous touchons à la tombe muette,
Suivre en les rappelant d'un oeil mouillé de pleurs
Nos enfants qui déjà sont tournés vers les leurs !

Ainsi l'homme, ô mon Dieu ! marche toujours plus sombre
Du berceau qui rayonne au sépulcre plein d'ombre.
C'est donc avoir vécu ! c'est donc avoir été !
Dans la joie et l'amour et la félicité
C'est avoir eu sa part ! et se plaindre est folie.
Voilà de quel nectar la coupe était remplie !

Hélas ! naître pour vivre en désirant la mort !
Grandir en regrettant l'enfance où le cœur dort,
Vieillir en regrettant la jeunesse ravie,
Mourir en regrettant la vieillesse et la vie !

Où donc est le bonheur, disais-je ? - Infortuné !
Le bonheur, ô mon Dieu, vous me l'avez donné !

Le 28 mai 1830.

LE JUSTE EST HEUREUX

Cet homme, cette femme
qui ne se prend pas pour plus qu'il est,
qui ne se prend pas pour moins qu'il n' est,
mais qui se prend pour ce qu'il est, tout simplement…

Cet homme, cette femme…
Qui ne prend pas Dieu pour un tyran,
Qui ne prend pas Dieu pour un inexistant,
Mais qui prend Dieu pour ce qu'Il est,
Dans le vie du monde et dans sa propre vie,
Comme Jésus de Nazareth,
Tout simplement…

Cet homme, cette femme…
Qui n'a pour seul désir
Que de réaliser, quotidiennement, jour après jour,
Le désir de Dieu,
Comme Jésus de Nazareth,
Tout simplement, tout justement, tout doucement…

Cet homme, cette femme…
Qui reconnaît en tout autre
Où qu'il soit, d'où qu'il vienne, et quel qu'il soit,
Son semblable, son égal, son frère ou sa sœur,
Comme Jésus de Nazareth,
Tout simplement…

Cet homme, cette femme…
Qui sait rire et s'émerveiller
Avec ceux qui rient et s'émerveillent,
Et qui sait également pleurer
Avec ceux qui peinent, qui souffrent et qui pleurent,
Comme Jésus de Nazareth,
Tout simplement…

Cet homme, cette femme…
Qui est habité par un idéal, par un rêve
Justice, Amour, Vérité, Paix et Liberté,
Et qui n'a de cesse que de voir se réaliser son rêve, son idéal,
Comme Jésus de Nazareth,
Tout simplement…

Cet homme, cette femme,
Qui marche calmement, posément, pas à pas,
Les yeux fixés sur une étoile,
Et portant son regard vers ses frères,
Comme Jésus de Nazareth,
Tout simplement...

Cet homme, cette femme,
Qui... etc ... etc ...
Semblable à Jésus de Nazareth

Celui-là, celle-là...
Est un Juste
Est HEUREUX.

Puisses-tu être cet homme !

VANITE DE L' EXISTENCE ?...

Comme chacun et chacune d'entre nous, je ne suis qu'un très court moment de l'Histoire du monde.

Si on rapportait toute l'Histoire de l'Univers à une période de 24 heures, et si on plaçait le Big Bang originel à 0 heure, l'être humain ne serait apparu sur Terre qu'à 23 heures 59 minutes et 50 secondes. Selon cette même échelle, cinquante années de la vie d'un être humain représentent 48/1.000 de seconde !... une goutte d'eau dans l'ensemble des océans de la Planète ! Restons donc humbles.

Je crois pouvoir témoigner que jamais je n'ai joué aucun personnage, ni interprété aucun rôle sur la scène publique ; pas plus que sur la scène privée. J'ai toujours été moi-même. J'ai dit ce que je pensais, simplement; et, lorsque je ne pensais rien, je l'ai dit aussi. J'aurais aimé assumé des postes à responsabilité importante, comme beaucoup. Mais je n'ai jamais rien fait pour y parvenir. Je n'ai jamais su flatter, intriguer, me placer, piétiner, écraser. Je n'ai jamais adhéré à aucune idéologie. Je n'ai jamais été l'homme d'aucune organisation. J'étais moi-même, je n'étais donc peut- être pas un homme sûr... J'ai refusé consciemment de jouer le rôle du bon prêtre, du bon curé, du bon aumônier. Je me suis toujours refusé à parler le "politiquement correct". Je n'ai jamais sacrifié au culte de la personnalité. Je me rends compte, avec le recul des années, que mes meilleur(e)s ami(e)s sont tou(te)s des gens comme moi.

Il est vrai que la grande question, c'est : pourquoi suis-je ici, à faire ce que je fais, à quoi cela sert-il, et où tout cela me mène-t-il ? A cette question, ma réponse n'a jamais été philosophique, mais pratique: je suis ici, donc j'ai une fonction à remplir, une mission à assumer, et je me dois de l'accomplir le mieux possible.

Je me souviens d'une réunion de l'équipe diocésaine du Mouvement des Cadres Ingénieurs et Dirigeants Chrétiens (M.C.C), à laquelle participait un ami, P.D.G d'une entreprise en plein essor. C'était l'époque de sa pleine gloire. Il avait implanté plusieurs filiales de son Groupe en France et dans le monde. Il disait ce soir-là : " *Je suis dans un train lancé à cent-vingt à l'heure. Je sais que le train va dans le mur. Mais il faut que j'y aille. C'est comme ça ! Ce qui motive profondément un homme, ce n'est pas la fortune, c'est la reconnaissance sociale. Je suis enfin quelqu'un!*". Et effectivement, il est allé dans le mur !

J'ai eu une chance extraordinaire : du premier jour de mon existence jusqu'aujourd'hui, j'ai sans cesse été aimé. Je n'avais au départ rien à prouver. Aucun manque à combler. Aucune revanche à prendre sur rien ni sur personne. Je n'ai jamais eu d'argent en réserve. Je n'ai pas une grande maison. Je ne suis pas allé partout dans le monde. J'ai toujours pris mes vacances à l'économie. Mais je n'en ai jamais souffert. Car je n'ai jamais manqué d'amis ni d'affection. Et la vraie richesse, je me plais à le dire et à le redire, ce n'est pas l'argent, ce sont les amis, c'est de se savoir aimé !

J'ai toujours cherché à créer des liens. J'ai toujours été étonné d'être aimé. C'est l'amour qui fait le bonheur !

ET SI … ?

Un jour de 1975, le Père Max BEGOUEN-DEMAUX, du HAVRE, qui devait mourir en 1986, à l'âge de 96 ans, nous disait : "*Il a fallu que j'atteigne cet âge, pour comprendre que ce que je pensais être la sainteté, n'était en fait que l'effet de ma bonne santé !…*".

Peut-être cela vaut-il également pour moi.

Depuis mon enfance jusqu'aujourd'hui, je n'ai pas le souvenir d'avoir été malade, ni d'avoir souffert au point de me poser la question de la justification de ma souffrance.

C'est vrai. Il est facile, lorsqu'on est en bonne santé, de se dire heureux.

Et alors ?…

NOTICE BIBLIOGRAPHIQUE

- page 15 - Le Mythe de Sisyphe est un essai rédigé par Albert Camus, publié en 1942. Il fait partie du « Cycle de l'absurde », avec L'Étranger (roman, 1942), Caligula (pièce de théâtre, 1938) et Le Malentendu (pièce de théâtre, 1944).

- page 28 - Joseph FOLLIET, né le 27 novembre 1903 à Lyon et mort le 12 novembre 1972 à Lyon, militant catholique, sociologue et écrivain français, devenu prêtre, cofondateur des Compagnons de Saint François et fondateur de l'*La Vie catholique illustrée (devenue La Vie)*.

- page 32 - Gérard de Nerval, pseudonyme de Gérard Labrunie, écrivain et poète français, est né le 22 mai 1808 à Paris, où il est mort le 26 janvier 1855.

- page 34 - Victor Hugo, né le 26 février 1802 à Besançon et mort le 22 mai 1885 à Paris, est un poète, dramaturge et prosateur romantique considéré comme l'un des plus importants écrivains de langue française. Il est aussi une personnalité politique et un intellectuel engagé qui a compté dans l'Histoire du XIXe siècle.

Table des CHAPITRES

www.ingramcontent.com/pod-product-compliance
Lightning Source LLC
Chambersburg PA
CBHW031056280326
41928CB00047B/351